Pippa Young

Ponyhof Apfelblüte

Lena und Samson retten den Wald

Alle Bände der Reihe Ponyhof Apfelblüte:

Band 1: Lena und Samson
Band 2: Paulina und Lancelot
Band 3: Lotte und Goldstück
Band 4: Hannah und Pinto
Band 5: Mia und Aska
Band 6: Julia und Smartie
Band 7: Sternchen und ein Geheimnis
Band 8: Rapunzel und der Spuk im Wald
Band 9: Samson und das große Turnier
Band 10: Ladys glanzvoller Auftritt
Band 11: Lenas mutige Entscheidung
Band 12: Lotte und die Übernachtungsparty
Band 13: Ein eigenes Pony für Mia
Band 14: Paulinas großer Traum
Band 15: Glaub an dich, Juli
Band 16: Lena springt ins Glück
Band 17: Hör auf dein Herz, Lotte
Band 18: Große Sorge um Sternchen
Band 19: Du schaffst das, Prinz!
Band 20: Paulinas geheimer Wunsch
Band 21: Doppeltes Glück für Juli
Band 22: Lena und Samson retten den Wald

Sonderband: Weihnachten auf dem Reiterhof

Pippa Young

Ponyhof Apfelblüte

Lena und Samson retten den Wald

Aus dem Englischen übersetzt
von Sandra Margineanu

Illustriert von Saeta Hernando

Band 22

Loewe

Mit besonderem Dank an Catherine Hapka

FSC
www.fsc.org
MIX
Papier | Fördert
gute Waldnutzung
FSC® C014496

ISBN 978-3-7432-1669-3
1. Auflage 2024

Bühlstraße 4, D-95463 Bindlach
Aus dem Englischen übersetzt von Sandra Margineanu
Umschlag- und Innenillustrationen: Saeta Hernando
Umschlaggestaltung: Ramona Karl
Printed in the EU

www.loewe-verlag.de

Inhalt

Aufruhr im Wald

Lena Kennet atmete tief ein. Der Wald duftete nach Moos und feuchter Erde, frischem Gras und einer angenehmen Mischung aus anderen Gerüchen, die alle eines verrieten: Der Frühling war endlich da!

Ihr Pony schnaubte, als eine Biene an seiner Nase vorbeisummte. „Schau doch, Samson, die Bienen freuen sich auch über den Frühlingsbeginn“, sagte Lena zu dem Apfelschimmel. „Es kommt mir wie eine Ewigkeit vor, seit wir sie zuletzt herumschwirren gesehen haben.“

Lena ritt mit drei ihrer Freundinnen einen schmalen Waldweg entlang. Lotte

Stevens deutete auf einen Vogel, der auf einem Baum neben dem Reitpfad saß. „Die Singdrosseln sind auch wieder da“, sagte sie.

Juli Marle nickte. „Gestern habe ich beim Ausritt mit meiner Schwester einen Dachs gesehen“, erzählte sie. „Die Tiere wachen langsam aus dem Winterschlaf auf und werden wieder aktiver.“

Die vierte Freundin, Mia Howard, ritt auf ihrer Stute Aska an der Spitze der Gruppe. Sie sah zu den anderen zurück. „Da vorne kommt ein ebenes Wegstück. Sollen wir eine Weile traben?“

„Ja!“, antworteten Lena, Juli und Lotte im Chor.

Lena nahm die Zügel auf und machte sich bereit, vom gemächlichen Schritt in den schnelleren Trab zu wechseln. Samson spitzte die Ohren. Er hatte die leicht veränderte Sitzposition seiner Reiterin bemerkt.

„Bereit, Süßer?“, murmelte Lena und klopfte ihm den Nacken. Sie liebte es, dass der Apfelschimmel ihre Gedanken zu erraten schien. Samson gehörte zum Ponyhof Apfelblüte, der von Julis Familie betrieben wurde. Aber Lena ritt so oft auf Samson, dass es sich anfühlte, als wäre er ihr eigenes Pony.

Der Pfad wurde breiter und flacher. Mia und Aska trabten als Erste los, gefolgt von Juli und Smartie. Dann kam Lena an die Reihe. Mit beiden Beinen forderte sie

Samson zum Trab auf. Sofort stürzte er los, um die anderen Ponys einzuholen.

„Brrr, langsam“, flüsterte Lena und ritt eine halbe Parade, damit Samson sich voll und ganz auf seine Reiterin konzentrierte. Dann bat sie ihn mithilfe ihres Sitzes und der Zügel, seine Schritte zu verkürzen. Das Pony hob daraufhin ein wenig den Kopf und machte kleinere Schritte, indem es die Hinterhand unter dem Körper behielt.

„Hast du Samson mit Absicht gebeten, sich zu versammeln?“, rief Lotte von hinten.

Lena blickte zu ihrer Freundin zurück, die auf ihrer hübschen Appaloosa-Stute Flocke ritt. „Ja“, antwortete sie.

„Wir haben das schließlich den ganzen Winter im Reitunterricht geübt."

Die letzten Monate war es zu verschneit, nass oder kalt gewesen, um auszureiten. Aber das hatte Lena und ihre Freundinnen nicht aus dem Sattel gehalten. Kurt, der Stallmeister auf dem Ponyhof Apfelblüte, hatte mit dem Traktor den Schnee vom Reitplatz geschoben. So konnten die Mädchen den ganzen Winter über wie gewohnt ihre Reitstunden nehmen. Julis Mutter war Reitlehrerin und brachte ihnen alle möglichen Fertigkeiten bei, um ihren Reitstil zu verbessern.

Mia warf einen Blick zurück. „Was ist los?", fragte sie. „Wollt ihr lieber langsamer machen?"

„Nein, das ist schon in Ordnung so",

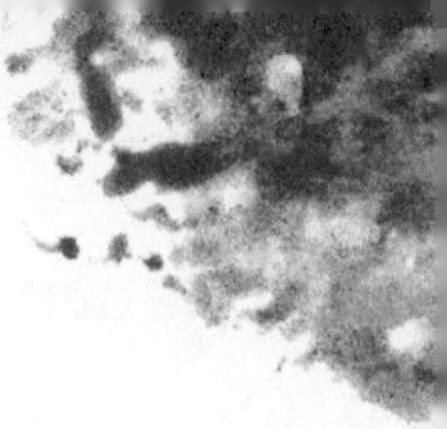

erwiderte Lena. „Wir holen euch gleich ein.“

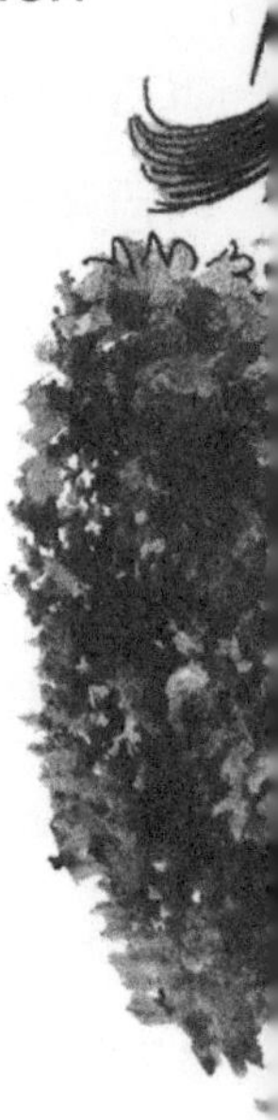

Sie hörte auf, Samson zu versammeln, und ermutigte ihn stattdessen, seinen Trab zu vergrößern, indem sie die Zügel etwas lockerer hielt und beide Beine anlegte. Seine Schritte wurden nun ausgreifender. Samson streckte den Hals und seine Hinterbeine trieben seinen stämmigen Körper kraftvoll vorwärts. Lena grinste. Es fühlte sich fantastisch an, so über den Boden zu fliegen, fast so schnell wie im Galopp. Geschwind holten sie die beiden führenden Ponys ein.

Als sie einen Blick zurückwarf, sah sie, dass Flocke galoppierte, um sie einzu-

holen. Lotte grinste. „Das war toll!“, rief sie.

„Was war toll?“, fragte Juli von vorne.

„Ich erzähle es euch, wenn wir wieder etwas langsamer reiten“, versprach Lena atemlos. Zu sprechen und dabei gleichzeitig ihr Reiten zu kontrollieren war anstrengend!

Ein Stück weiter wurde der Weg steinig. Alle vier Mädchen brachten ihre Ponys wieder in den Schritt. Mia ließ sich zurückfallen, sodass Aska neben Smartie ging und Lotte ritt Flocke neben Samson her. Während sie weiterritten, erzählte Lena, dass sie Samson erst versammelt und dann schneller hatte traben lassen. Es war für Lena das Allergrößte, neue Techniken zu lernen und eine noch bessere Reiterin zu werden.

„Echt cool." Mia klang beeindruckt. „Ich habe das mit Aska auch schon oft versucht, aber sie rennt einfach immer zu schnell los."

Juli lachte. „Typisch Aska. Aber ich habe gesehen, dass du mit Prinz verschiedene Gangarten geübt hast. Und es sah so aus, als hätte er es ganz gut gemacht."

Mia lächelte. „Danke. Ja, er ist der Beste."

Prinz war Mias hübsches dunkelbraunes Pony, das sich zwar nicht reiten ließ, aber dafür gern mit der Kutsche fuhr. Für Mia war das in Ordnung so. Sie liebte es, Aska zu reiten und mit Prinz Kutsche zu fahren.

Die Mädchen hielten nach Vögeln und anderen Tieren Ausschau. Lena hatte den Eindruck, als

würde der ganze Wald erwachen und sich strecken und gähnen, wie es ihr Kater Mogli nach einem Nickerchen tat.

Sie kamen auf eine große grasbewachsene Lichtung und Juli schlug vor zu galoppieren. Lena und Lotte nickten, Mia grinste nur.

„Ich habe eine noch bessere Idee", sagte sie. „Machen wir ein Wettrennen!"

Juli lachte. „Nur wenn ihr alle bereit seid, gegen mich und Smartie zu verlieren."

„Das werden wir ja sehen!", erklärte Mia.

Lena kicherte. Damals, als sie noch ganz neu auf dem Ponyhof gewesen war, hatte Juli oft mit ihrem Können angegeben und sich überheblich verhalten. Aber mit Lenas Hilfe hatte sie begriffen, dass sie eigentlich lieber mit den anderen befreundet sein wollte. Wenn sie jetzt angab oder behauptete, die Beste zu sein, machte sie meistens nur Spaß.

„Drei, zwei, eins – los!“, rief Lotte. Sie forderte Flocke zu einem flotten Galopp auf.

Lena musste noch nicht einmal die Beine anlegen. Samson raste einfach mit den anderen Ponys los. Aber Lena war darauf vorbereitet. Sie erhob sich aus dem Sattel und beugte sich leicht nach vorn, um ihr Pony mit den Beinen und ihrem Gewicht zu unterstützen.

„Los, Samson, los!“, feuerte sie ihn an.

Das Pony reagierte sofort und drängte

noch schneller vorwärts. Aber Flocke war immer noch vor ihnen. Mit ihren langen Beinen fegte sie nur so dahin.

Noch weiter vorn galoppierte Aska und Juli trieb Smartie mit Rufen an. Doch Aska hatte einen Vorsprung. Sie und Mia führten immer noch, als plötzlich etwas mit einem lauten Dröhnen zwischen den Bäumen auf der anderen Seite der Lichtung auftauchte. Es war ein Quad mit zwei Fahrern!

Aska machte vor Schreck einen Satz zur Seite und hielt abrupt an. Sie warf den Kopf hoch und rollte mit den Au-

gen – und Mia flog in hohem Bogen direkt über ihre Schulter.

„Mia!“, schrie Lena und klammerte sich an ihren Zügeln fest, als auch Samson plötzlich stehen blieb. Vor Erleichterung seufzte sie laut auf, denn ihre Freundin war auf beiden Beinen gelandet und drehte sich jetzt zu ihrem Pony um. Mia hielt immer noch die Zügel in der Hand, ein überraschter Ausdruck lag auf ihrem sommersprossigen Gesicht.

„Alles in Ordnung?“, rief Lena und steuerte mit Samson auf sie zu.

Mia blinzelte. „Ich glaube schon“, antwortete sie. „Ich weiß nicht, wer überraschter war, Aska oder ich!“

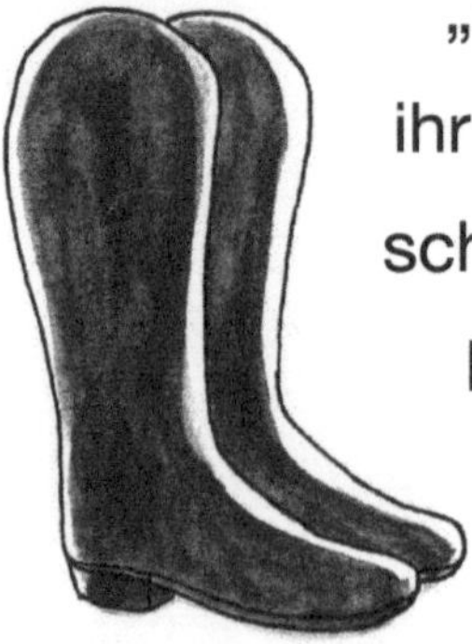

„Brr, Smartie!“, beruhigte Juli ihr Pony, das erschrocken schnaubte. „Es ist nur ein Quad.“

Lena stellte ihre Füße wieder in die Steigbügel, die sie bei dem plötzlichen Halt verloren hatte. Dann sah sie zu Flocke hinüber, die manchmal etwas schreckhaft war. Aber zum Glück stand die Stute ruhig da, die Ohren nach hinten zu Lotte gerichtet, die ihr sanft etwas zuflüsterte.

„Entschuldigung!“, rief der Beifahrer auf dem Quad und nahm dann seinen Helm ab. Es war ein Junge, etwa ein oder zwei Jahre älter als die Mädchen.

Die Fahrerin, eine ältere Jugendliche, nahm ebenfalls ihren Helm ab.

Smartie starrte das Quad immer noch erschrocken an, aber Juli forderte ihn zum Gehen auf. „Ihr wart viel zu schnell“, sagte sie zu den Quadfahrern. „Viele Reiter nutzen die Wege hier.“

Das ältere Mädchen zuckte mit den Achseln. „Es ist ein öffentlicher Wald. Wir können hier so schnell fahren, wie wir wollen."

Lena staunte. Das Mädchen schien es nicht zu kümmern, dass sie einen Unfall verursacht hatten. Mia hätte sich schwer verletzen können.

Doch das Mädchen war noch nicht fertig. „Unsere Eltern eröffnen bald ein neues Geschäft und verleihen dann Quads ganz hier in der Nähe", sagte es. „Eure Pferde sollten sich also an die Fahrzeuge gewöhnen."

Frischer Wind

Bevor Lena oder ihre Freundinnen etwas erwidern konnten, setzte das Mädchen den Helm wieder auf und startete den Motor. „Halt dich fest, Brüderchen!“, schrie es über seine Schulter. Das Quad röhrte auf und verschwand dann im Wald.

„Wow …“ Juli klopfte Smartie beruhigend, weil er wegen des Lärms schon wieder nervös tänzelte. „Was für Idioten!“

Mia griff Askas Zügel fester und stieg zurück in den Sattel. „Was sie gesagt hat, stimmt hoffentlich nicht. Ich kann mir nicht vorstellen, dass sich die Ponys jemals an so etwas gewöhnen könnten.“

Lena nickte. „Wir hatten Glück, dass nur eine von uns abgeworfen wurde.“

„Hübsche Landung übrigens“, sagte Lotte zu Mia. „Ich gebe dir zehn von zehn Punkten.“

Mia grinste und verbeugte sich im Sattel. „Danke.“ Dann verschwand ihr Lächeln wieder. „Reiten wir weiter und finden heraus, woher sie gekommen sind. Dann können wir Mrs Marle alles genau berichten.“

Die vier Mädchen ritten los und folgten dem Weg, den das Quad gekommen war. Nach einer Weile kamen sie zu einer sehr großen Lichtung, die von Wanderern oft als Parkplatz genutzt wurde. Dort stand ein neues, grell buntes Schild mit der Aufschrift *Browns Quads*.

Juli ritt näher heran. „Seht euch das an“, sagte sie. „Das ist Werbung für einen Verleih, bei dem Leute Quads mieten können, um damit durch den Wald zu fahren.“

„Davon hat das Mädchen also gesprochen“, sagte Mia stirnrunzelnd.

„Da ist auch eine Karte drauf.“ Lena drückte ihre Waden fester an Samsons Bauch und bat ihn so darum, näher an

das Schild heranzutreten, damit sie es besser sehen konnte. Sie betrachtete die Karte, die einen großen Teil des Walds abbildete. Verschiedene Wege waren farblich mit Orange markiert und kleine Bilder von Quads klebten an mehreren Stellen.

Neben Lena stöhnte Lotte auf. „Sie schlagen vor, mit den Quads auf genau den Wegen zu fahren, die zu unseren Lieblingsreitpfaden gehören!"

„Ja." Mia zeigte auf einen markierten Pfad. „Seht mal hier, das ist einer der besten Wege, um zu galoppieren. Oh! Und der da auch!" Sie deutete auf eine andere Stelle auf der Karte.

Lena sah sich um. Mehrere Autos parkten hinter ihnen. Auch ein großer Transporter mit einer Metallrampe war darunter. Seitlich auf dem Transportwagen war ein violett-oranges Quad abgebildet. Ein Mann beugte sich über die Rampe.

Lena ritt zu ihm hinüber. „Sind Sie der Besitzer des Quads, dem wir eben begegnet sind?“, fragte sie.

Der Mann richtete sich auf und grinste breit. „Ja, der bin ich. Ich bin Steve Brown.“ Er zeigte auf das Schild. „Ziemlich cool, oder? Ihr könnt bald auch eins mieten.“

Lenas Freundinnen kamen ebenfalls herüber. „Wir wollen keine Quads ausleihen. Wir mögen unsere Ponys viel lieber“, sagte Mia.

Mr Brown schmunzelte. „Na ja, wenn

ihr es ausprobieren würdet, würdet ihr eure Meinung vielleicht ändern.“ Er deutete auf einen Teil der Lichtung, der stark von Pflanzen überwuchert war. „Ich plane, dort drüben zwei Gebäude zu errichten. Eines als Garage für die Fahrzeuge und das andere als Café und

Laden. Ich finde, so etwas hat in der Gegend noch gefehlt."

„Äh, wirklich?", fragte Lotte.

„Oh ja!" Mr Brown rieb sich die Hände und machte ein begeistertes Gesicht. „Hier gibt es diesen wunderbaren großen Wald und niemand fängt etwas damit an. Ich werde ein paar Wettbewerbe ausrichten, um die Leute neugierig zu machen. Mit etwas Glück wird bald der ganze Ort auf die Quads steigen. Meine Kinder, Agnes und Ralph, sind schon große Fans. Agnes ist eine gute Fahrerin. Habt ihr nicht gesagt, ihr habt sie unterwegs getroffen?"

„Ja, haben wir." Lena lächelte gezwungen. Sie war entsetzt und wusste, dass ihre Freundinnen es auch waren.

Eine Frau schlenderte heran und fragte

Mr Brown nach dem Schild, daher verabschiedeten sich die Mädchen und ritten weiter. Sobald sie außer Hörweite waren, brachte Juli Smartie zum Stehen.

„Das ist eine Katastrophe“, sagte sie und blickte zur Lichtung zurück.

„Wir müssen es deiner Mutter erzählen“, sagte Mia. „Meinst du, sie hat schon davon gehört?“

„Ich glaube nicht.“ Juli forderte ihr Pony wieder zum Gehen auf. „Aber das wird sie gleich!“

Kurze Zeit später waren die Mädchen zurück auf dem Ponyhof Apfelblüte, der sich auf dem Gelände einer alten, aber gut erhaltenen Burganlage befand und von den Hügeln aus über das Dorf Willow

Springs blickte. Sie ritten durch das Tor auf den gepflasterten Innenhof. Die Hofhunde, Skip und Hop, rannten auf sie zu, um sie zu begrüßen. Aber Lena beachtete sie heute kaum.

Mrs Marle stand neben dem jungen Apfelbaum in der Mitte des Hofs. Sie unterhielt sich mit Lenas Mutter, die etwas zu früh gekommen war, um Lena abzuholen.

Die vier Reiterinnen stiegen ab und führten die Ponys zu den beiden Frauen hinüber. Sofort begannen die Mädchen, wild durcheinanderzureden.

Freundlich abwehrend hielt Mrs Marle eine Hand hoch. „Eine nach der anderen, bitte“, sagte sie. „Ist etwas passiert?“

„Ja, wir sind galoppiert und plötzlich ist ein Quad herangeprescht …“, begann Juli.

Sie wechselten sich ab und erzählten reihum, was passiert war. Als sie berichteten, wie Mia vom Pony geflogen war, machte Mrs Marle ein besorgtes Gesicht.

„Alles in Ordnung mit dir?“, fragte sie und trat näher zu Mia heran.

„Oh ja.“ Mia zuckte mit den Schultern. „Ich bin auf den Füßen gelandet. War nicht schlimm. Wichtig ist eigentlich, dass diese zwei Jugendlichen, die wir noch nie zuvor gesehen haben –“

„Agnes und Ralph“, ergänzte Lena.

Mia nickte. „Die scheinen entschlossen zu sein, alle unsere Lieblingswege mit ihren Quads aufzuwühlen!“

„Und es hat sie überhaupt nicht gekümmert, dass sie die Ponys erschreckt haben“, fügte Juli hinzu. „Sie haben sich benommen, als wäre es unser Problem, dass ihre Quads so viel Lärm machen.“

„Oje“, sagte Lenas Mutter.

Mrs Marle runzelte die Stirn. „Ich habe

davon gehört, dass ein Geschäft auf dem Grundstück mit dem Parkplatz eröffnen soll", sagte sie. „Aber mir war nicht klar, dass der Stadtrat seine Erlaubnis für einen Quadverleih erteilt hat."

„Das ist furchtbar", sagte Juli. „Wir hätten alle stürzen können oder unsere

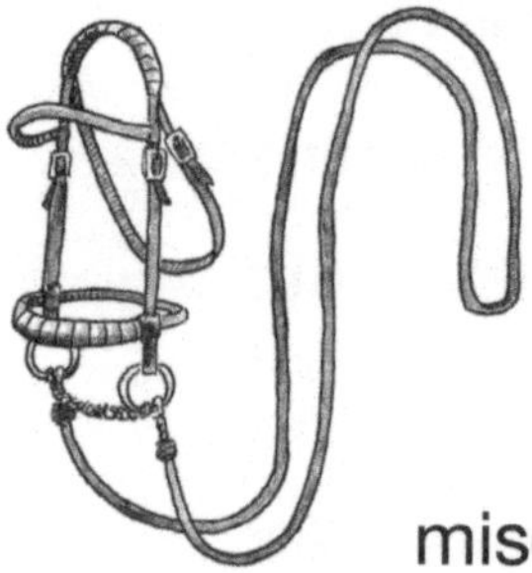

Ponys hätten sich verletzen können …"

„Und die Reitwege werden komplett zerstört", mischte sich Lotte ein. „Die Reifen von den Quads wühlen die Erde auf, besonders wenn es regnet."

„Das ist schlecht für die Ponys", sagte Mia. „Wahrscheinlich können wir nie wieder galoppieren. Und vielleicht nicht mal mehr traben."

Wieder hielt Mrs Marle beschwichtigend ihre Hand hoch. „Ich stimme euch zu, dass Ponys und Fahrzeuge nicht gut zusammenpassen“, sagte sie. „Aber wir teilen uns die Wege doch auch schon mit Wanderern und Fahrradfahrern. Der Wald gehört schließlich allen.“

Lena warf ihren Freundinnen einen besorgten Blick zu. Sie konnte nicht glauben, dass Mrs Marle nicht genauso wütend war wie sie.

Lotte schüttelte den Kopf. „Ich werde mit meinem Opa darüber sprechen.“

Lena spürte einen Funken Hoffnung. Lottes Großvater war der Bürgermeister von Willow Springs. Er war außerdem ein leidenschaftlicher Reiter, auch wenn seine Arbeit ihn daran hinderte, so oft zu

reiten, wie er es eigentlich wollte. Sein Pferd Colonel lebte hier auf dem Ponyhof Apfelblüte.

„Gute Idee“, sagte Lena zu Lotte. „Dein Opa kann bestimmt verhindern, dass das alles wirklich passiert!“

Ausritt mit dem Bürgermeister

Auf dem Heimweg musste Lena immer noch an die Begegnung mit dem Quad denken. Als ihre Mutter und sie die Küche ihres gemütlichen Zuhauses betraten, begrüßte sie ein köstlicher Geruch. Und außerdem zwei Hunde, ein lebhafter Retriever und ein älterer Terrier.

„Das Essen ist fast fertig“, sagte Eric Gelburg und sah von einem Topf auf, in dem er gerade rührte. Er war Hundetrainer und Mrs Kennets Lebenspartner. Seit einer Weile besuchte er einen Kochkurs und bereitete oft das Abendessen zu.

Während Mrs Kennet zu ihm ging und ihm einen Kuss gab, ließ Lena sich auf die Knie sinken und begrüßte die Hunde. „Langsam, Simba“, sagte sie zu dem Retriever, der versuchte, ihr über die Nase zu schlecken. Sie schob ihn etwas zur Seite, um den anderen Hund zu kraulen. „Wie geht es dir, Bailey?“

Eric sah zu ihr hinüber. „Er ist heute leider nicht ganz fit“, sagte er zu Lena. „Seine Arthritis ist über den Winter schlimmer geworden. Der Tierarzt möchte eine andere Medizin ausprobieren, damit er sich wieder etwas besser bewegen kann.“

„Du musst ein bisschen vorsichtiger mit ihm sein, Simba“, sagte Lena zu dem jungen Hund und tippte ihm auf die Nase.

„Er kann nicht so wild herumrennen wie du.“

Simba wedelte mit seinem Schwanz. Dann drehte er sich um und stupste Bailey sanft an, als wolle er ihm zeigen, dass

er Lena verstanden hatte. Lena lächelte und streichelte beide Hunde. Ihr Kater, Mogli, sonnte sich auf dem Fensterbrett, behielt die Hunde dabei aber im Auge. Lena stand auf, um auch dem großen Kater Hallo zu sagen, dann ging sie zur Spüle und wusch sich die Hände. Ihre Mutter fing an, den Tisch zu decken, und Lena half ihr dabei.

„Gibt es etwas Neues vom Ponyhof?“, fragte Eric, öffnete den Ofen und sah hinein.

„Leider ja!“ Lenas Lächeln verschwand. Sie erzählte ihm von dem Zwischenfall mit dem Quad.

„Oje“, sagte Eric. „Viele von meinen Kunden gehen gern mit ihren Hunden im

Wald spazieren. Das dürfte schwierig werden, wenn dort Quads herumdüsen."

„Lena, hast du nicht etwas von einer Karte gesagt, auf der Wege markiert sind?", fragte Mrs Kennet. „Vielleicht gehört das zu der Vereinbarung mit dem Stadtrat und die Quadfahrer dürfen nur bestimmte Wege nutzen?"

„Oh, das hoffe ich." Eric sah erleichtert aus. „Wenn das der Fall ist, dann warne ich meine Kunden, sich von diesen Wegen fernzuhalten. So können sie stattdessen die Pfade benutzen, die besser für Spaziergänger und Pferde geeignet sind."

„Aber die Wege, die auf der Karte für die Quads markiert sind, gehören zu unseren besten Galoppstrecken“, protestierte Lena. „Wir müssen eine Möglichkeit finden, dass die Quads im Wald verboten werden. Sollen sie doch auf der Straße herumrasen.“

„Ich glaube, das ist nicht erlaubt“, sagte Mrs Kennet.

Eric nickte. „Wie auch immer, es dürfte schwierig werden, das Ganze noch zu verhindern, wenn der Stadtrat schon in die Pläne eingewilligt hat.“

Lena runzelte die Stirn. „Wir müssen es trotzdem versuchen.“

Sie dachte immer noch darüber nach, während sie Eric nach dem Essen half, das Geschirr zu spülen. Da klingelte das

Telefon. „Lena, es ist für dich!", rief ihre Mutter.

Es war Lotte. „Ich habe mit meinem Opa gesprochen", sagte sie. „Aber er war sehr beschäftigt, deswegen konnten wir nicht lange reden. Er meinte, wir könnten uns ausführlicher unterhalten, wenn ich ihn morgen früh auf einen Ausritt begleite. Willst du mitkommen, damit wir ihm zusammen alles über die Quads erzählen können?"

„Ja, das klingt super", sagte Lena. „Dann können wir ihm direkt zeigen, was mit dem Wald passiert, wenn die Pläne von Mr Brown umgesetzt werden." Sie fragte schnell ihre Mutter um Erlaubnis, die einverstanden war. „Dann sehen wir uns morgen nach dem Frühstück auf dem Ponyhof“, sagte sie zu Lotte und legte auf.

Es war noch frisch, als Lena, Lotte und Bürgermeister Stevens am nächsten Morgen über die Wiese ritten, die sich zwischen dem Ponyhof und dem Wald erstreckte. Die Bäume leuchteten in hundert verschiedenen Grüntönen, die nur dort von Weiß und Rosa aufgebrochen wurden, wo Felsenbirnen, Wildkirschen und andere Sträucher blühten.

„Der Frühling in den Bergen ist herrlich, findet ihr nicht?“ Bürgermeister Stevens atmete tief ein und lächelte. Er war ein stämmiger Mann mit dichtem weißem Haar und einer runden Brille. Lena fand schon immer, dass er perfekt zu seinem schwarz-weißen Hengst passte.

Colonel schnaubte und nickte, als wäre er mit den Worten seines Reiters einverstanden. Alle drei Pferde schienen sich darüber zu freuen, draußen an der frischen Luft zu sein. Lena lächelte, als Samson die Ohren bewegte, weil ein Schmetterling an ihm vorbeiflog.

„Ich komme mir schrecklich klein neben euch vor“, sagte sie, während sie zwischen Colonel und Flocke ritt. Lotte hatte früher ein Pony namens Goldstück gehabt, aber dann war sie so sehr gewachsen, dass sie zu groß für ihn geworden war. Sie hatte Goldstück an Mrs Marle verkauft, damit er weiter auf dem Ponyhof Apfelblüte bleiben konnte, und ihre Eltern hatten ihr Flocke geschenkt. Die Stute war ein Pferd und kein Pony. Für Lena fühlte es sich immer noch seltsam an, dass sie zu ihrer Freundin hochsehen musste, wenn sie zusammen ausritten.

Bürgermeister Stevens lächelte zu Lena hinunter. „Wie ist die Luft da unten?“, fragte er neckend.

Lena kicherte. Aber dann erinnerte sie sich daran, dass sie diesen Ausritt nicht nur zum Spaß machten. Sie mussten den Bürgermeister davon überzeugen, wie wichtig es war, dass sich die Quads vom Wald fernhielten.

Lotte schien dasselbe zu denken. Sie machte ein ernstes Gesicht und wirkte etwas angespannt, als sie die Zügel kürzer fasste. „Ich denke, die Pferde haben sich genügend aufgewärmt“, sagte sie. „Wollen wir traben?“

Normalerweise ließen Lena und ihre Freundinnen sich Zeit und nahmen mal diesen und mal jenen Pfad, um tiefer in den Wald zu gelangen. Aber heute führten sie den Bürgermeister auf direktem Weg zu dem Parkplatz, auf dem sie Mr Brown getroffen hatten.

„Da vorne ist es, Opa“, sagte Lotte, als sie beinahe an der Lichtung waren.

„Hmm?“, machte Bürgermeister

Stevens. „Ach so, du meinst die Stelle, an der die Quads losfahren, von denen du gestern erzählt hast.“

Er klang nicht sehr interessiert und überhaupt nicht besorgt. Lena und Lotte warfen sich einen nervösen Blick zu. „Ja“, sagte Lena. „Ich bin froh, dass wir den Jugendlichen nicht wieder begegnet sind. Ihr Quad war so laut, dass die Ponys erschrocken sind. Mia ist sogar gestürzt!“

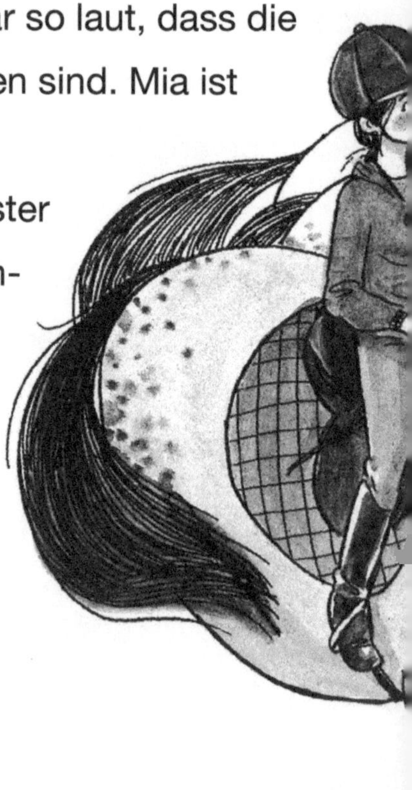

Der Bürgermeister machte ein mitfühlendes Gesicht. „Zum Glück sind Pferde so anpassungsfähige Tiere“, sagte er und klopfte Colonel anerkennend den Nacken. „Ich denke, sie werden sich schnell an den Lärm gewöhnen."

Wieder warfen sich die Mädchen einen Blick zu.

Lena überlegte. Was konnte sie sagen, um den Bürgermeister davon zu überzeugen, dass der Motorlärm nichts war, an das sich die Pferde überhaupt gewöhnen sollten? Noch während sie nachdachte, erreichten sie die Lichtung. Es war so früh am Morgen, dass nur wenige Autos dort standen. Der Transporter von Mr Brown war nicht da.

„Es ist so friedlich hier“, sagte Lena. „Das wird sich ändern, wenn ein Dutzend Quads durch den Wald rasen.“

Bürgermeister Stevens seufzte. „Ich weiß, was du meinst, Lena. Wenn es meine alleinige Entscheidung wäre, würde ich im Wald nur unmotorisierte Fortbewegungsmittel erlauben. So wie Pferde zum Beispiel.“ Er schmunzelte und klopfte Colonel erneut am Hals. „Aber Mrs und Mr Brown haben ein sehr gutes Konzept vorgelegt, um mehr Leute für den Wald zu begeistern. Und das bringt mehr Geld für unseren Ort und die ganze Region.“ Er zuckte mit den Schultern. „Es gab keinen vernünftigen Grund, ihnen die Erlaubnis nicht zu erteilen.“

„Doch, den gibt es!“, erklärte Lotte. „Wir waren zuerst hier! Und der Wald ist perfekt, so wie er ist. Mit den Quads wird er nicht besser, sondern schlechter!“

„Das kommt darauf an, wen du fragst“, meinte der Bürgermeister ruhig. „Wir sollten uns nicht vor Veränderungen fürchten. Nichts bleibt für immer genau so, wie es ist. Und Fortschritt ist wichtig.“

„Aber ein friedlicher Wald auch“,

dachte Lena, sagte es allerdings nicht laut. Sie hatte begriffen, dass der Bürgermeister ihnen nicht helfen würde.

Wenn die Mädchen verhindern wollten, dass der Quadverleih eröffnet wurde, dann mussten sie einen anderen Weg finden.

Ein seltener Fund

„Komm, mein Süßer." Lena schnalzte mit der Zunge, weil Samson vor seiner Boxentür stehen geblieben war. Auf dem Rückweg zum Hof hatte es angefangen zu nieseln, deshalb hatten Lotte und sie beschlossen, die Ponys im Stall abzusatteln und nicht auf dem Putzplatz neben dem Apfelbaum.

Doch der Apfelschimmel blieb, wo er war, Hufe in den Boden gebohrt und den Kopf abwehrend schüttelnd, als Lena sanft an den Zügeln zog. Sie runzelte überrascht die Stirn. Samson war normalerweise sehr gern in seiner gemütlichen Box.

„Was ist los?“, fragte sie. Sie trat neben seine Schulter und sah in die Richtung, in die Samson seinen Kopf gedreht hatte. Mit einer Hand hielt sie die Zügel unter seinem Maul fest, mit der anderen den restlichen Zügel etwas zur Seite. Mrs Marle hatte ihnen beigebracht, ein Pony auf diese Art am Zügel zu führen. Manchmal waren Lena und die anderen Mädchen aber etwas zu bequem dafür, schließlich waren die Ponys alle sehr lieb. Wollte Samson sie vielleicht daran erinnern, wie sie ihn richtig führen sollte?

Sie schnalzte wieder mit der Zunge und zog etwas fester an den Zügeln. Dann machte sie einen Schritt auf die geöffnete Tür zu.

„Geh weiter, bitte, Samson“, sagte sie. „Los, komm schon!“

Das Pony wehrte sich noch ein paar Sekunden. Aber als Lena ihm die Schulter klopfte, senkte es schließlich den Kopf und folgte ihr langsam in die Box.

Lena wendete Samson, sodass er nach draußen schauen konnte. Das war gar nicht so einfach, weil er sich in der engen Box umdrehen musste und dabei beinahe auf Lenas Fuß trat. Er schwang den Kopf herum und stieß gegen Lenas Schulter.

„Was ist denn heute mit dir los?“, fragte sie, als sie seinen Kopf etwas genervt zur Seite schob. „Du tust ja so, als wäre hier drin ein Geist!“

Sie sah sich um und musste beim Gedanken an ein Gespenst im Stall lächeln, doch dann erschrak sie. Etwas hatte sich hinten in der Ecke im Stroh bewegt. Allerdings war es kein Gespenst.

Lena ging vorsichtig näher. „Oh“, sagte sie leise. „Es ist ein Nest.“

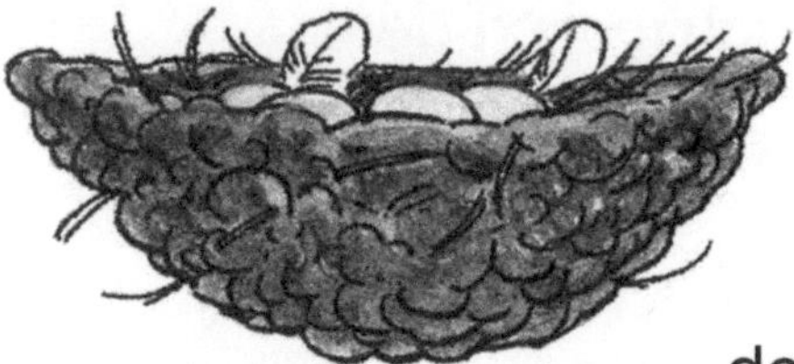

Sie betrachtete den Kreis aus Zweigen, Blättern und Federn, der auf einem Haufen Stroh lag. Ein winziger Vogel mit dunklen Federn blinzelte sie aus schwarzen Äuglein an.

„Entschuldigung“, hauchte Lena und zog sich schnell zurück. Sie führte Samson aus der Box und nach draußen, ließ das Nest dabei aber nicht aus den Augen.

Lotte lief gerade über den Hof zur

Sattelkammer. „Ich brauche einen Hufkratzer“, sagte sie. Dann blinzelte sie verdutzt. „Warum sind Samson und du wieder draußen im Regen?“

Lena erzählte ihr von dem Nest und davon, dass Samson nicht in seine Nähe gehen wollte. „Er wusste, dass es da ist“, sagte sie. „Er wollte den kleinen Vogel nicht stören.“

Lotte rannte zu Samsons Box und sah hinein. „Es ist eine Schwalbe, glaube ich“, flüsterte sie entzückt. „Sie ist so niedlich! Sie hat bestimmt Eier im Nest. Deshalb ist sie nicht weggeflogen, als Samson und du hereingekommen seid.“

„Wir sollten Mrs Marle Bescheid sagen“, meinte Lena. Sie führte Samson in eine leere Box und zäumte ihn schnell ab.

Dann rannten die Mädchen zum Büro, wo sich Mrs Marle mit Bürgermeister Stevens unterhielt.

Die beiden kamen mit, um das Nest zu betrachten. „Ihr habt recht, es ist eine Schwalbe“, sagte Mrs Marle. „Sie bauen gern Nester auf den Dachbalken. Ich mag sie, weil sie so viele Stechmücken fressen.“

Der Bürgermeister ging in die Hocke, um besser sehen zu können. Nervös beäugte ihn der kleine Vogel.

„Das Nest muss von einem der Balken gefallen sein“, meinte er. „Ein Wunder, dass die Eier heil geblieben sind. Das liegt wohl an der dicken, weichen Einstreu.“ Er zwinkerte Mrs Marle zu, die lächelte.

„Die Eier sind hier sicher, wenn wir die Tür geschlossen halten", sagte sie. „Zum Glück haben die Hunde das Nest nicht vor Samson entdeckt. Oder gar ein anderes Tier."

Sie schloss die untere Türhälfte der Box. Der Bürgermeister zog sein Handy hervor und machte ein paar Fotos von dem Vogelnest. „Ich mache auch eins von Samson", sagte er schmunzelnd und ging zu der Pferdebox, aus der der Apfelschimmel seinen Kopf streckte. „Schließlich ist er der Held in dieser Geschichte."

„Ja, er hat den Babyvögeln das Leben gerettet, indem er dich auf das Nest aufmerksam gemacht hat, Lena", sagte Lotte. „Er ist ein kluges Pony."

Lena nickte. Sie war sehr stolz auf

Samson. „Ist es in Ordnung, wenn er eine Weile in dieser Box steht?“, fragte sie.

„Natürlich“, erwiderte Mrs Marle. „Es dauert nicht mehr lang, bis die Küken schlüpfen und dann das Nest verlassen. Bis dahin gehört diese Box ihnen. Ich sage Kurt Bescheid, damit er sie nicht stört.“

Beim Abendessen erzählte Lena ihrer Mutter und Eric von dem Vogelnest.

„Wie schön“, sagte Mrs Kennet. „Und wie gut, dass Samson so vor-

sichtig war und die Vögel nicht gestört hat."

Eric nickte. „Tiere sind oft viel klüger, als wir es ihnen zutrauen." Er spießte eine Karotte auf seine Gabel. „Das erinnert mich an den Welpen von Ms Vogel, der sie heute im Unterricht wieder mal ausgetrickst hat …“

Er erzählte ihnen ein paar lustige Geschichten von seinen Kunden. Dann sprachen er und Mrs Kennet über den neuen Parkplatz im Ort.

Lena hörte nicht mehr zu. Stattdessen rührte sie in ihrem Eintopf herum und dachte an das Quad-Problem. Ihnen musste unbedingt etwas einfallen, um die Eröffnung von Mr Browns Geschäft zu verhindern. Aber was sollten sie tun?

„Alles in Ordnung, Lena?“, fragte ihre Mutter nach einer Weile und unterbrach ihre Gedanken. „Du siehst aus, als wärst du meilenweit weg.“

„Es liegt doch nicht am Eintopf, oder?“ Eric klang alarmiert. „Ich bin mir nicht sicher, ob ich ihn genug gesalzen habe.“

Lena lächelte und aß eine Gabel voll. „Nein, er ist lecker“, sagte sie. Dann verschwand ihr Lächeln. „Ich muss nur wieder an die Quads denken.“

Sie hatte ihrer Mutter schon erzählt, was der Bürgermeister gesagt hatte. Jetzt weihte sie auch Eric ein.

„Er meinte, es hätte keinen Grund gegeben, das Konzept von Mr Brown abzulehnen“, erklärte sie. „Erschrockene Ponys und zerstörte Wege haben ihn nicht überzeugt. Also denke ich über etwas anderes nach, das uns helfen könnte.“

Eric nickte nachdenklich. „Das erinnert

mich an einen Artikel, den ich kürzlich gelesen habe. Warte kurz ...“

Er stand auf und ging ins Wohnzimmer. Lena war überrascht und neugierig. Wovon redete er?

Bald schon fand sie es heraus. Eric kam mit einer Ausgabe eines Hundemagazins zurück, das

er häufig las. Er blätterte darin und zeigte Lena einen Artikel mit einem Foto von einem süßen Cockerspaniel in einem Wald.

„Dieser Hund kann einen sehr seltenen Pilz erschnuppern“, sagte Eric und deutete auf den Cockerspaniel. „Ein Straßenbauprojekt wurde gestoppt, um das Waldgebiet zu erhalten.“

Lena staunte. „Wahnsinn! So ein Fund könnte den Bürgermeister bestimmt davon überzeugen, die Quads zu verbieten“, sagte sie. „Glaubst du, diesen Pilz gibt es auch in unserem Wald?“

„Vielleicht nicht genau diesen“, sagte Eric. „Aber was, wenn es dort eine andere seltene Pflanze oder ein seltenes Tier gäbe?“

„In unserem Wald? Glaubst du wirklich?“ Lenas Mutter klang zweifelnd.

„Man weiß nie.“ Eric wedelte mit dem Magazin. „Ein genauerer Blick kann nicht schaden, oder? Lena hat schließlich recht. So etwas könnte die Meinung des Stadtrats ändern und die Eröffnung des Quadverleihs verhindern.“

Lenas ganzer Körper kribbelte vor Aufregung. „Das würde ihre Meinung auf jeden Fall ändern!“, sagte sie. „Jetzt müssen wir nur noch etwas Seltenes im Wald finden und zwar schnell!“

Das ist die Idee!

Am nächsten Tag war Lena schon früh auf dem Ponyhof. Noch keine ihrer Freundinnen war da, deshalb ging sie erst einmal nach dem Schwalbennest sehen. Sie musste lächeln, als der kleine Vogel sie mit seinen dunklen Augen aufmerksam beobachtete.

„Alles gut, Vogelmama, ich störe dich nicht weiter“, flüsterte Lena.

Sie zog sich von der Box zurück und hörte plötzlich das Geräusch von Stiefeln auf Kopfsteinpflaster und Stimmen. Mia und Lotte waren gerade angekommen, zusammen mit zwei weiteren Freundinnen, Hannah Glass und Paulina Wells.

„Wir sind so früh hergefahren, wie wir konnten“, erklärte Mia und eilte auf Lena zu.

Paulina nickte. Sie sah besorgt aus. „Mia und Lotte haben uns von dem Problem mit den Quads erzählt. Welche Idee hast du denn, Lena?“

Lena hatte gestern noch alle ihre Freundinnen benachrichtigt und sie gebeten, sie möglichst früh auf dem Ponyhof zu treffen. Sie hatte nicht jeder einzeln von ihrer Idee erzählen wollen, sondern wollte gleichzeitig alle einweihen, wenn sie zusammen auf dem Hof waren. „Wo ist Juli?“, fragte sie.

„Hier bin ich.“ Juli kam aus der Sattelkammer. „Jetzt verrate uns endlich, warum du uns so früh treffen wolltest.“

Lena lächelte. „Weil wir mit der wichtigsten Schatzsuche unseres Lebens beginnen müssen! Gestern hat mir Eric einen sehr interessanten Artikel gezeigt …“ Sie erzählte von dem seltenen Pilz, der von einem Cockerspaniel in einem ebenfalls bedrohten Wald gefunden worden war.

Paulina verstand sofort. „Wir müssen auch einen seltenen Pilz finden“, sagte sie.

„Ja, oder etwas anderes Seltenes in unserem Wald“, erklärte Lena. „Diesen Fund werden dann alle schützen und vor Schaden bewahren wollen.“

„Schaden, den die Quads anrichten würden.“ Lotte machte ein frohes Gesicht. „Gute Idee, Lena! In unserem Wald

gibt es so viele verschiedene Pflanzen und Tiere. Ich bin mir sicher, dass auch etwas Seltenes dabei ist.“

Juli nickte. „Wir haben allerdings nicht sehr viel Zeit, um es zu finden“, meinte sie. „So wie sich Mr Brown angehört hat, will er sein Geschäft möglichst bald eröffnen. Aber ich wette, dass es noch viele andere Leute gibt, die auch nicht wollen, dass die Quads durch den Wald düsen. Wir könnten alle in Willow Springs fragen, ob sie uns bei der Schatzsuche helfen.“

Lena nickte begeistert. „Das ist eine super Idee! Aber wie sollen wir die Leute informieren?“

„Ich habe mal geholfen, Werbezettel für einen Kuchenverkauf in der Schule zu gestalten“, erzählte Hannah mit sanfter Stimme. „Vielleicht könnten wir so ähnliche Zettel anfertigen?“

Mia machte das Daumen-hoch-Zeichen. „Fantastisch, Hannah! Wir können einen Zettel auf der Lichtung in der Nähe von Mr Browns Schild aufhängen und die anderen im Ort verteilen.“

„Ja, so werden alle, die nicht wollen, dass die Quads den Wald auf den Kopf stellen, informiert und können helfen.“
Seit dem Gespräch mit Mr Brown spürte Lena zum ersten Mal wieder Zuversicht.

Pläne mit ihren Freundinnen zu schmieden, rief in ihr jedes Mal ein Gefühl der Hoffnung hervor.

Juli bat ihre Mutter, den Computer benutzen zu dürfen. Dann drängten sich die Mädchen ins Büro des Ponyhofs.

Hannah brauchte nicht lange, um einen Werbezettel zu entwerfen, auf dem alle wichtigen Informationen standen. Den Text überlegten sich die Mädchen gemeinsam:

SCHATZSUCHE

Wenn du gern im Wald von
Willow Springs wanderst,
auf deinem Pferd reitest,
Rad fährst oder mit dem
Hund spazieren gehst,

dann hilf bitte mit, unsere Wege
zu retten!
Wir suchen nach seltenen oder
gefährdeten Arten, die im Wald
wachsen oder leben, um zu
beweisen, dass er kein Ort
für Quads oder andere
motorisierte Fahrzeuge ist.
Wenn du helfen willst,
dann schließe dich unserer
Schatzsuche an.
Wir treffen uns am Samstag
um 9 Uhr auf dem Parkplatz
an der Talstraße.

„Perfekt!", sagte Paulina, nachdem Mia den Text laut vorgelesen hatte.

„Moment noch." Juli tippte sich nachdenklich ans Kinn. „Wir brauchen noch ein Bild oder so. Damit die Leute auch gleich hinschauen und besser darauf aufmerksam werden.“

Lotte zog die Nase kraus. „Aber wir nehmen kein Bild von einem Quad, oder?“

„Nein!“, riefen Mia und Hannah gleichzeitig.

„Ein Foto von einem unserer süßen Ponys würde die Leute hinschauen lassen“, sagte Paulina.

„Oder wir nehmen das Hundefoto aus dem Artikel, den Eric mir gezeigt hat“, schlug Lena vor.

„Nein, wartet, ich habe eine bessere Idee!“ Juli lächelte. „Wir nehmen ein Foto von dem Schwalbennest!“

„Ja! Und vielleicht noch eins von Samson. Dann können wir erzählen, dass sich sogar Ponys für den Schutz der Wildtiere einsetzen“, sagte Lena.

Juli klatschte in die Hände. „Das ist perfekt! Wir können noch eine Überschrift hinzufügen: Ponys sorgen sich um Wildtiere. So wie wir!“

Alle waren einverstanden und Hannah tippte die Überschrift ein. Dann liefen sie nach draußen, um die Fotos zu machen. Lena führte Samson zu seiner Box. Wie schon zuvor zögerte er an der Tür und richtete die gespitzten Ohren auf das Nest in der Ecke.

Plötzlich riss Hannah die Augen auf. „Hört ihr das auch?“

Lena hielt die Luft an, als sie tatsächlich etwas hörte. Ein hohes Piepsen kam aus dem hinteren Teil der Box. Sie blinzelte angestrengt in die dunkle Ecke, da tauchte unter den Federn des Muttervogels ein winziges Köpfchen auf und dann noch eines und noch eines.

„Die Küken sind geschlüpft“, flüsterte Lotte.

„Schnell, mach ein Foto davon, wie Samson die Küken betrachtet“, drängte Mia.

Juli schoss mehrere Bilder mit ihrem Handy, dann schlossen sie die Boxentür vorsichtig wieder und Lena brachte Samson

zurück in die Box, in der er übergangsweise wohnte. Zurück im Büro suchten die Freundinnen das beste Foto aus und Hannah fügte es auf ihrem Werbezettel ein.

„Nicht zu fassen, dass die Küken heute geschlüpft sind", sagte Hannah. „Vielleicht ist das ein gutes Zeichen für unsere Mission."

„Ja, und unser Zettel ist jetzt perfekt", erklärte Juli. „Drucken wir einen Stapel aus und verteilen ihn!"

Hannah blieb im Büro und druckte die Zettel aus, während die anderen Mia halfen, Prinz zu striegeln und vor die Kutsche zu spannen. Dann fuhren alle sechs Freundinnen ins Dorf, um die Zettel unter die Leute zu bringen. Viele kamen mit den Mädchen ins Gespräch und fragten sie über die Schatzsuche aus. Viele teilten die Sorge, dass der

Wald von den Quads überrannt werden könnte.

„Sie sind so laut!“, sagte eine Frau und überflog den Zettel. „Und die Abgase sind bestimmt nicht gut für die Umwelt. Ich komme am Samstag auf jeden Fall!“

„Ich auch“, sagte der jugendliche Sohn der Frau. „Durch den Wald zu streifen und nach coolen Tieren zu suchen, klingt nach Spaß.“

„Spaß wird es bestimmt machen“, sagte Lena zu ihm. „Aber vor allem ist es wichtig. Danke, dass du kommen willst. Und bring deine Freunde mit!“

Als sie sich auf den Rückweg den Hügel hinauf zum Ponyhof machten, war Lena zuversichtlich. „Mindestens zwei Dutzend Leute haben versprochen, uns bei der Suche zu helfen“, sagte sie. Prinz trottete mit gleichmäßig klappernden Hufen die Straße hoch. „Und sie haben versprochen, es allen weiterzusagen, die sie kennen.“

„Das ist toll“, sagte Paulina. „Wenn so viele Leute suchen, werden wir bestimmt etwas Seltenes finden.“

„Vielleicht kommt sogar ein Foto von uns in die Zeitung“, meinte Mia.

Als sie auf den Hof kamen, wartete Bürgermeister Stevens auf sie. „Hallo“, grüßte er und wedelte mit einem ihrer Zettel. „Den habe ich von jemandem auf dem Weg hierher bekommen.“

„Oh, gut“, sagte Lena. „Wollen Sie uns bei der Suche helfen?“

Der Bürgermeister zog die Brauen

zusammen. „Ich verstehe ja, dass ihr für eure Ausritte auf den Waldwegen Ruhe haben wollt“, sagte er und sah alle sechs Mädchen dabei an. „Aber an Mr Browns Geschäftsidee ist nichts verkehrt. Ich bin sicher, dass wir einen Kompromiss finden werden, sodass alle Freude am Wald haben können.“

„Vielleicht“, meinte Lena. Juli sah verärgert aus und Mia murmelte leise vor sich hin. „Aber wenn wir eine seltene Pflanze oder ein seltenes Tier finden, müssen alle Pläne gestoppt werden, um der Sache nachzugehen, nicht wahr?“

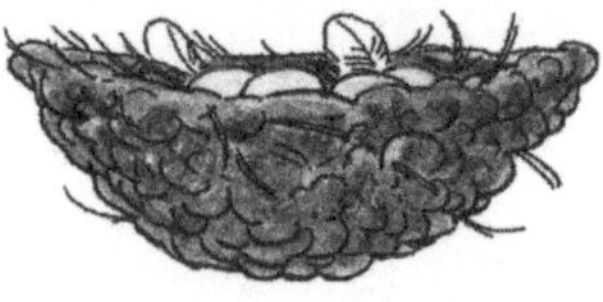

Der Bürgermeister zuckte mit den Schultern. „Ja, ich denke schon. Aber nur, wenn ihr etwas wirklich Seltenes findet. Ich hoffe, ihr werdet nicht zu enttäuscht sein, falls ihr es nicht tut."

„Wir werden nicht enttäuscht sein", sagte Mia. „Denn wir werden auf jeden Fall etwas finden, richtig?"

Lena und die anderen stimmten ihr begeistert zu. Lena drückte außerdem noch fest ihre Daumen. Die Schwalbenküken waren ein gutes Zeichen, aber noch etwas mehr Glück konnte nicht schaden.

Die Schatzsuche

„Beeilung, es ist schon nach neun!“, rief Juli über ihre Schulter.

Lena nickte und forderte Samson auf, etwas schneller zu traben. Es war Samstag und die sechs Mädchen ritten zu dem Parkplatz, wo sich alle für die anstehende Schatzsuche trafen. Die Ponys waren heute Morgen besonders schmutzig gewesen, weil sich auf dem Paddock eine große Schlammpfütze gebildet hatte. Die Mädchen hatten deshalb länger als üblich gebraucht, ihre Lieblinge sauber zu striegeln. Dann hatte Mia festgestellt, dass

Askas Zaumzeug aus der Sattelkammer verschwunden war, und sie hatte eine Weile gebraucht, um ein anderes für die Stute zu finden. Als Nächstes war der Reißverschluss von Julis Stiefel gerissen und sie hatte zurück ins Haus laufen müssen, um ihr anderes Paar anzuziehen. Als dann endlich alle fertig waren, die Ponys aufgezäumt und bereit zu gehen, waren sie schon fünfzehn Minuten später dran als ursprünglich geplant.

„Ich bin froh, dass die Sonne scheint“, sagte Paulina. „Dann kommen bestimmt mehr Leute.“

Lena nickte. Die anderen sprachen weiter über das Wetter, aber Lena war plötzlich zu nervös, um sich zu unterhalten. Der heutige Tag war so wichtig! Nicht nur für sie, ihre Freundinnen und die Ponys, sondern auch für jedes Lebewesen im Wald. Sie sah sich um. Ein Eichhörnchen lief einen Baumstamm hoch und keckerte aufgebracht. Vögel zwitscherten versteckt zwischen den leuchtend grünen Blättern. Obwohl die Luft noch kühl war, war die angebrochene Jahreszeit deutlich zu spüren. Wohin Lena auch sah, wuchsen erste Blumen und frisches Gras und überzogen den kahlen Winterboden mit strahlenden Frühlingsfarben. Wenn Quads hier herumfahren würden, wäre der Wald nie wieder derselbe.

„Wir sind fast da!“, rief Lotte und unterbrach Lenas Gedanken. „Ich glaube, ich kann schon Leute reden hören.“

„Aska auch!“, sagte Mia, denn das lebhafte Pony hatte die Ohren gespitzt und einen Satz zur Seite gemacht. „Hör auf, du Quatschkopf!“

Alle Ponys wurden wachsamer, als sie sich dem Parkplatz näherten. Das Geräusch von Stimmen war zu hören, außerdem das Bellen von Hunden und Musik.

„Ruhig, mein Schatz“, murmelte Lena, als sie spürte, wie Samson sich unter ihr anspannte. „Da gibt es nichts zu fürchten, versprochen.“

Dann ritten sie auf die Lichtung und Mia staunte laut: „So viele Autos habe ich hier noch nie gesehen!“

„Oder so viele Leute“, fügte Paulina hinzu.

Lena stimmte ihnen zu. Überall waren Menschen, auf jedem freien Fleck, der nicht von einem parkenden Auto besetzt war. Jemand war mit einem Imbisswagen gekommen, an dem man Gebäck und

Kaffee kaufen konnte. Eine Gruppe Jugendlicher stand neben einem Auto, aus dessen geöffneten Fenstern Musik schallte. Ein älterer Mann ging an ihnen vorbei und fing an zu tanzen. Er zog eines

der jungen Mädchen auf die Füße und unter großem Gejohle ihrer Freunde tanzte sie mit ihm.

Lena überflog kurz die Menge und entdeckte ein paar Leute, die sehr professionell aussahen. Sie waren mit Ferngläsern und Naturführern ausgestattet. Manche von ihnen standen mit besorgten Gesichtern rund um das Schild, das Werbung für Mr Browns Quads machte. Auch einige Familien waren gekommen, die jüngeren Kinder rannten herum und spielten. Einige ältere Leute hatten Spazierstöcke dabei. Es gab auch junge Paare, die Händchen hielten, und einige Kinderwagen mit Babys. Und überall waren Hunde.

„Eric hat in der Hundeschule Werbung

für die Schatzsuche gemacht“, sagte Lena und beobachtete einen jungen Schäferhund, der mit einem Mops Fangen spielte. „Scheint gewirkt zu haben!“

„Es sieht so aus, als wäre das ganze Dorf gekommen, um zu helfen!“ Juli schien kaum zu bemerken, dass Smartie tänzelte und die Luft aus den Nüstern blies. Nervös beäugte er die Hunde und die große Versammlung. „Mit so vielen Leuten finden wir bestimmt etwas!“

Mia nickte. „Wer weiß, vielleicht finden wir sogar mehr als nur eine seltene Pflanze oder ein seltenes Tier. Willow Springs könnte dank uns berühmt werden!“

Da entdeckte Lena ihre Mutter und

Eric, die durch die Menge auf sie zukamen. „Gut, dass ihr hier seid", sagte Mrs Kennet. „Die Leute fragen sich schon, wann sie mit der Suche anfangen können."

Juli glitt aus dem Sattel und führte Smartie zu einem Wagen, der am anderen Ende der Lichtung parkte. Es war der kleine Pferdetransporter von Ponyhof Apfelblüte. „Meine Mutter hat Klemmbretter dabei und auch alles andere, was wir brauchen. Fangen wir an, die Sachen auszuteilen."

Schon bald war alles organisiert. Während Paulina und Hannah die Ponys auf einer ruhigen Stelle am Waldrand grasen ließen, halfen die anderen Mädchen Mrs Marle, die Klemmbretter mit den Anleitungsblättern zu verteilen, die sie gestern noch geschrieben und ausgedruckt hatten. Die Schatzsucher sollten alle Pflanzen und Tiere, die sie sahen, darauf notieren und Fotos von jenen machen, die ihnen selten oder ungewöhnlich vorkamen.

Schließlich machten sich alle auf den Weg und verteilten sich auf die Pfade, die von dem Parkplatz wegführten. „Wir sollten uns jetzt auch auf die Suche begeben“, sagte Lena nervös. Nachdem die Schatzsuche nun tatsächlich gestartet war, fragte sie sich etwas besorgt, ob sie auch wirklich genügend Zeit hatten, um den ganzen Wald abzusuchen.

Da kam ihre Mutter mit Bechern voll dampfendem Kakao und einem Stapel Haferkekse vom Imbisswagen zu ihnen. „Erst noch eine kleine Stärkung“, sagte sie zu Lena und ihren Freundinnen. „Es wird ein langer Tag und das hier gibt euch ein bisschen Kraft, bevor es losgeht.“

Die Mädchen verschlangen die Kekse und tranken den Kakao, dann stiegen sie auf ihre Ponys und ritten zurück in den Wald. „Sollen wir uns aufteilen oder zusammenbleiben?“, fragte Juli, als sie an die erste Weggabelung kamen. „Wir könnten ein größeres Gebiet abdecken, wenn wir uns in Paare aufteilen.“

Die anderen fanden, dass das ein guter Plan war. Lena tat sich mit Lotte zusammen, die beiden verabschiedeten sich von den anderen und schlugen einen schmalen Seitenweg ein. Nach ein paar Minuten hörten sie die Stimmen ihrer Freundinnen nicht mehr. Sogar die Huftritte der Ponys waren im Gras und den Tannennadeln auf dem Boden kaum zu hören. Lena nahm nur noch das Gezwitscher der Vögel und das Gesumme von Insekten wahr.

„Wie schön“, murmelte Lotte, die einen Spatz beobachtete, der in einen nahen Busch flatterte.

Lena nickte und wieder musste sie daran denken, wie wichtig der Erfolg ihrer heutigen Mission war. Sie mussten den Wald unbedingt so erhalten, wie er war!

Die nächsten zwei Stunden notierten die beiden jedes Lebewesen, das ihnen

begegnete. Sie sahen Eichhörnchen, Vögel und Insekten, ein Kaninchen, eine große Kröte und einige Rehe, die an Knospen knabberten. Keines dieser Tiere war selten, aber sie schrieben sie trotzdem auf ihre Liste. Sie betrachteten auch alle Pflanzen, an denen sie vorbeikamen, von den großen Eichen, Kiefern und Ahornbäumen bis zu den kleinsten Blümchen und dem unscheinbarsten Unkraut.

Lotte hatte das Handy ihrer Mutter

dabei, mit dem sie Fotos von allem machte, dass sie nicht erkannten. Darunter war ein Farn, einige Vögel, ein Büschel kleiner weißer Blumen, die sie noch nie gesehen hatten, und eine hübsche Flechte auf einem alten Baumstamm.

„Ich hab's“, sagte Lotte, nachdem sie mehrere Aufnahmen von der Flechte gemacht hatte.

Lena nickte und drückte die Daumen. Sie musste an den Hund in Erics Artikel denken, der den seltenen Pilz gefunden hatte. „Hoffentlich ist die Pflanze etwas ganz Seltenes. Selten genug, um den Wald zu retten.“

Freund oder Feind?

Als Lena und Lotte zurück auf den Parkplatz kamen, waren ihre Freundinnen bereits da und ließen die Ponys am Rand grasen. „Da seid ihr ja!“, rief Mia, als sie die zwei kommen sah. „Wir wollten schon einen Suchtrupp losschicken.“

Lena lächelte und glitt aus dem Sattel. „Wir wollten einfach nur so viele Pflanzen und Tiere wie möglich finden.“

„Habt ihr etwas Seltenes entdeckt?“, fragte Hannah.

„Wir sind uns nicht sicher.“ Lena warf Lotte einen Blick zu. „Wir haben ziemlich viele Fotos gemacht.“

Paulina deutete auf eine Gruppe, die

im Schatten am Rand des Parkplatzes stand. „Eric und deine Mutter schauen sich die Listen und Fotos an, die die Leute zurückbringen. Kommt, zeigen wir ihnen eure Bilder."

Hannah und Mia blieben bei den Ponys, während die anderen zu der Menschentraube liefen, die sich um Eric gebildet hatte. Er saß auf einem Klappstuhl und hatte einen Laptop auf dem Schoß. Mrs Kennet stand neben ihm und machte Notizen auf einem großen Blatt Papier, das auf eine Staffelei geheftet war.

„Hat schon jemand etwas Seltenes gefunden?", fragte Lena.

Eric sah zu ihr hoch und zuckte mit den Schultern. „Bisher leider nicht."

„Wirklich nicht?“ Lena wurde das Herz schwer. Sie, Lotte, Juli und Paulina sahen sich enttäuscht an.

„Gebt noch nicht auf. Ich bin ja noch dabei, alle Listen durchzugehen“, sagte Eric. „Ich habe im Internet ein paar gute Seiten gefunden, um alles zu prüfen. Ich sehe mir die Fotos der Leute an und checke, ob etwas Ungewöhnliches darunter ist. Und deine Mutter schreibt außerdem noch eine vollständige Liste von allem.“

Lena sah zu der Staffelei. Ihre Mutter war Künstlerin und fügte der Liste von Pflanzen und Tieren kleine Zeichnungen hinzu. So konnte Lena gut erkennen, dass andere ebenfalls viele der Tiere und Pflanzen gefunden hatten, die Lotte und sie gesehen hatten.

„Deine Mutter hat echt Talent“, sagte Paulina, die zusah, wie Mrs Kennet eine Apfelblüte zeichnete.

Lena lächelte. Aber eigentlich schenkte sie den Zeichnungen ihrer Mutter nicht viel Aufmerksamkeit. Was Eric gesagt hatte, beschäftigte sie zu sehr. Obwohl die Suche Stunden angedauert hatte, hatte bisher niemand etwas gefunden, um die Quads vom Wald fernzuhalten. Mehrere ältere Wanderer kamen auf die Lichtung und Lena drückte die Daumen. Immer mehr Leute kamen von ihren Streifzügen zurück. Bestimmt würde jeden Moment jemand von einem seltenen Fund berichten …

Eric nannte eine weitere Käferart, die Mrs Kennet der Liste hinzufügte. Da entdeckte Lena ein bekanntes Gesicht in der Menge. Es war Mr Brown, der Besitzer der Quads! Begleitet wurde er von den beiden Jugendlichen, Agnes und Ralph, und außerdem einer Frau, die vermutlich deren Mutter war.

Juli stieß Lena mit dem Ellbogen an. „Hast du gesehen, wer da ist?“, flüsterte sie.

Bevor Lena antworten konnte, bemerkte Agnes sie und kam herüber. „Hey“, sagte sie. „Ihr seid doch die Mädchen, die wir im Wald getroffen haben, oder? Habt ihr etwas mit all dem hier zu tun?“ Sie winkte mit der Hand zu der Versammlung auf der Lichtung.

„Und wenn?“, gab Juli zurück. „Wir wollen nur unseren Wald retten.“

Agnes' Augen wurden schmal. „Du meinst, ihr wollt das Geschäft meiner Familie ruinieren.“

Der Bruder des Mädchens, Ralph, kam ebenfalls herüber. Aber er sah nicht wütend aus wie seine

Schwester. Lächelnd warf er einen Blick auf die Ponys, die in der Nähe grasten.

„Eure Ponys sind so hübsch“, sagte er zu Lena. „Welches ist deins?“

„Der Apfelschimmel“, antwortete Lena und zeigte auf Samson. „Sein Name ist Samson. Er gehört mir nicht, aber ich reite ihn sehr oft. Es macht viel mehr Spaß, auf ihm durch den Wald zu streifen als auf einem lärmenden Quad.“

Agnes rollte mit den Augen. „Das denkst du“, sagte sie knurrend.

In diesem Moment kamen Mr Brown und seine Frau dazu. „Kommt, Kinder“, sagte Mrs Brown zu Agnes und Ralph. „Wir müssen jetzt nach Hause.“ Höflich lächelte sie Lena und den anderen zu. „Es ist schön, so viele Leute hier zu sehen, die einen angenehmen Tag im Wald verbringen."

„Ja, das stimmt", sagte ihr Mann fröhlich. Er nickte zu dem Imbisswagen hinüber, der immer noch gut verkaufte. „Und der Wagen da ist der Beweis, dass wir hier ein Café brauchen, wo die Leute Getränke und Essen bekommen, nicht wahr?"

Ralph hörte seinem Vater nicht zu. „Wie heißt dein Pony?", fragte er Lotte. „Ich glaube, es ist größer als die anderen, richtig? Und auch cooler. Seine Punkte sind toll!"

„Ihre Punkte, ja", sagte Lotte. „Sie ist eine Stute und heißt Flocke. Sie ist ein Appaloosa, das ist eine Rasse, die aus Amerika stammt."

„Ah, toll!“ Die Augen des Jungen strahlten. „Solche Pferde habe ich schon in Filmen gesehen.“

Juli runzelte die Stirn, während sich Lotte weiter mit Ralph über die Ponys unterhielt und ihm ihre Namen verriet. „Sie sollte nicht mit dem Feind reden“, flüsterte sie Lena ins Ohr. „Das sind die Leute, die unseren Wald zerstören wollen.“

Lena antwortete nicht. Sie war sich nicht sicher, ob das so wirklich stimmte. Es war schwer, jemanden wie Ralph nicht zu mögen, der sich so für ihre Ponys interessierte. Agnes mochte sie zwar immer noch nicht, aber vielleicht versuchte sie nur, ihre Familie zu verteidigen. Und das waren die Browns schließlich:

eine normale Familie, die ein Geschäft eröffnen wollte.

Sie sah sich auf der Lichtung um. Viele Leute kamen von ihrem Rundgang durch den Wald zurück, mit Handys und Kameras bewaffnet. Alle schienen begierig darauf zu berichten, was sie beobachtet hatten. Aber Lena fragte sich auf einmal, wie viele von ihnen die Eröffnung des Quadverleihs tatsächlich verhindern wollten und wie viele nur da waren, um einen schönen Tag im Wald zu verbringen – mit netter Gesellschaft, gutem Wetter und leckeren Snacks vom Imbisswagen.

„Bisher habe ich angenommen, dass alle zur ersten Gruppe gehören“, dachte Lena. Die Browns und ihre lärmenden Quads aufzuhalten war ihr das Wichtigste

auf der Welt gewesen.

Sie beobachtete Ralph, der Samson kurz streichelte, als er mit seiner Familie an den Ponys vorbeiging. Der Junge war wirklich nett und lachte, als Samson ihn leicht anschnaubte. Ralph hasste Tiere ganz offensichtlich nicht und wollte den Ponys auch nicht das Leben schwer machen.

Plötzlich war sich Lena nicht mehr sicher, wie sie über die Browns denken sollte oder über das Ergebnis der Schatzsuche.

Eine unerwartete Wendung

Am Abend ging Eric die Liste der gefundenen Arten noch einmal gründlich durch. Lena saß ihm gegenüber am Küchentisch und betrachtete die Fotos auf Erics Handy, die ihm die Teilnehmenden der Schatzsuche geschickt hatten. Mrs Kennet saß auch bei ihnen und ergänzte noch ein paar ihrer Skizzen mit einem Kohlestift.

Schließlich lehnte sich Eric seufzend zurück. „Ich habe alles noch einmal kontrolliert“, sagte er und beugte sich zu Bailey hinunter, um ihn zu streicheln. Der Terrier war neben Erics Füßen eingeschlafen und Simba kaute in der Nähe an einem Knochen. „Die Leute haben sehr viele unterschiedliche Pflanzen und Tiere entdeckt. Erstaunlich, wie viele Gattungen und Arten in unserem Wald zu Hause sind.“ Er zuckte mit den Schultern. „Aber keine davon ist selten oder bedroht.“

„Wirklich nicht?“ Lena runzelte die Stirn.

Mrs Kennet sah von ihren Skizzen hoch. „Es war eine großartige Idee, Lena“, sagte sie. „Aber ich fürchte, das bedeutet, dass wir nichts gefunden haben, um die Quads zu verbieten.“ Sie stand auf und nahm Lena

in den Arm. „Es tut mir leid. Du bist bestimmt sehr enttäuscht."

Lena drückte ihre Mutter. „Ein bisschen", sagte sie langsam. „Aber irgendwie frage ich mich, ob Bürgermeister Stevens nicht doch recht hatte."

„Recht hatte womit?", fragte Eric und klappte seinen Laptop zu.

Lena dachte daran zurück, was der Bürgermeister zu ihr und Lotte gesagt hatte. „Er meinte, dass nichts immer gleich bleibt", sagte sie. „Dass Entwicklung und Fortschritt wichtig sind und wir keine Angst davor haben sollten. Es ist wichtig, dass Leute nach Willow Springs kommen, weil es so ein wunderbarer Ort ist. Vielleicht sind die Quads ein Teil dieser Entwicklung."

Ihre Mutter und Eric tauschten einen Blick. „Unser Bürgermeister ist ein weiser Mann“, sagte Mrs Kennet. „Und du bist ein sehr weises Mädchen!“

Lena lächelte. „Danke!“

Trotzdem war sie noch etwas traurig. Entwicklung war eine Sache. Aber es würde hart werden, einen Teil des Waldes zu verlieren, den sie so liebten.

Am nächsten Morgen bot Eric Lena an, sie zum Ponyhof zu fahren. „Du hast doch erzählt, dass du dich dort mit deinen Freundinnen triffst, stimmt’s?“, fragte er.

„Ja“, sagte Lena. „Das haben wir gestern so verabredet. Damit ich ihnen berichten kann, ob du abends bei der

Recherche doch noch etwas Seltenes gefunden hast."

Eric nickte. „Ich komme mit und erzähle ihnen die Neuigkeiten selbst", sagte er. „Du musst das nicht allein machen."

„Echt? Vielen Dank." Lena lächelte ihn an. Schon immer war sie froh darüber gewesen, dass ihre Mutter so einen netten Mann getroffen hatte, nachdem sie nach Willow Springs gezogen waren. Aber in diesem Augenblick war sie ganz besonders glücklich, dass Eric zu ihrem Leben gehörte.

Auf der Fahrt den Hügel hinauf zum Ponyhof unterhielten sie sich noch einmal über die gestrige Schatzsuche. Eric parkte am Straßenrand vor dem Eingangstor und er und Lena betraten den Hof durch den großen Torbogen aus Stein.

Hop und Skip rannten sofort herbei und bellten erfreut. Eric kraulte beide zur Begrüßung, dann richtete er sich wieder auf.

Das Bellen der Terrier hatte Lenas Freundinnen auf sie aufmerksam gemacht. Die Mädchen hatten sich beim Apfelbaum versammelt. „Da ist sie ja

endlich!“, rief Mia. „Los, Lena, wir sterben gleich vor Anspannung.“

Die Mädchen rannten herbei und umringten Eric und Lena. „Es tut mir leid“, fing Eric an. „Wir haben alles drei Mal übergeprüft, aber wir haben keine seltenen Pflanzen oder Tiere gefunden."

„Oh nein!", stöhnte Paulina. Mia seufzte traurig und Hannah ließ die Schultern hängen.

„Obwohl so viele Leute gesucht haben?", fragte Lotte.

Juli runzelte die Stirn. „Dann müssen wir eben einen anderen Weg finden, die Quads aus dem Wald herauszuhalten."

Lena öffnete den Mund, um zu erzählen, was sie über die Worte des Bürgermeisters dachte. Doch dann schloss sie ihn überrascht wieder, denn der Bürgermeister persönlich spazierte gerade durch den Torbogen. Ihn auf dem Ponyhof zu treffen, war nicht ungewöhnlich. Aber es war schon ein komischer Zufall, dass er genau in dem Moment auftauchte, als sie über ihn sprechen wollte.

„Ah, gut, Lotte hat mir gesagt, dass ihr alle heute Morgen hier sein würdet!“, rief er und eilte auf die Mädchen zu. „Ich wollte euch gern selbst danken, dass ihr diese tolle Schatzsuche organisiert habt.“

„Oh“, machte Lena. „Ähm, gern geschehen.“ Die anderen nickten, obwohl Juli immer noch ein verärgertes Gesicht machte und die anderen traurig aussahen.

Dem Bürgermeister schien ihre emotionale Verfassung nicht aufzufallen. Er rieb die Hände aneinander und grinste von einem Ohr zum anderen. „Ich habe von vielen Leuten gehört, dass sie ganz erstaunt darüber waren, wie viel Spaß es macht, unseren wunderschönen Wald zu erkunden. Ich denke, auf den Waldwegen wird in Zukunft mehr los sein."

„Ja", sagte Mia niedergeschlagen. „Überall werden laute Quads rumdüsen."

„Ah." Bürgermeister Stevens zog eine Augenbraue hoch. „Dazu wollte ich gerade kommen ..." Er drehte sich um und sah zum Torbogen. „Kommen Sie rein", rief er. „Wir sind hier."

Überrascht sah Lena, wie die Familie Brown den Hof betrat. Mr und Mrs Brown hielten sich an der Hand und lächelten. Ralph schritt aufgeregt über das Kopfsteinpflaster. Lena folgte seinem Blick. Kurt hatte gerade ein Pferd namens Bruno aus seiner Box geführt. Der Stallmeister band den Vollblüter an einem Eisenring an und reinigte seine Hufe mit einem Hufkratzer.

Die anderen Mädchen nahmen keine Notiz von Kurt und Bruno. Sie starrten die Browns an.

„Warum sind sie hier?“ Julis Augen funkelten wütend und sie sprach so leise, dass nur die Mädchen und der Bürgermeister sie hören konnten. „Wollen sie uns etwa unter die Nase reiben, wie erfolglos unsere Schatzsuche gewesen ist?“

Der Bürgermeister schmunzelte. „Nicht

wirklich." Er winkte die Familie zu ihnen herüber.

„Ah, da seid ihr also", sagte Mr Brown zu den Mädchen. „Schön, euch wiederzusehen. Ich möchte mich bei euch bedanken."

„Bedanken?", wunderte sich Lena. „Wofür?"

„Wir werden doch keinen Quadverleih eröffnen", sagte Ralph, bevor sein Vater antworten konnte.

„Was?", stießen Lena, Mia, Paulina und Juli gleichzeitig hervor. Lotte stand der Mund vor Überraschung offen und Hannah bekam ganz große Augen vor Staunen.

Mr Brown warf seiner Frau lächelnd einen Blick zu. „Ja, ihr habt unsere

Meinung geändert", erklärte er. „Wir haben mitbekommen, wie begeistert sich alle für das Tier- und Pflanzenleben im Wald eingesetzt haben. Da haben wir erkannt, dass Quads nicht die beste Möglichkeit bieten, den Wald zu erkunden."

„Das stimmt", mischte Mrs Brown sich nun ein. „Stattdessen wollen wir ein Geschäft für Mountainbiking und Wanderungen eröffnen. Wir wollen Leute einstellen, die als Naturführer den Besuchern die Tier- und Pflanzenwelt in unserem Wald näherbringen, genauso wie bei eurer Schatzsuche."

„Ja, und in das Café hängen wir Naturaufnahmen. So werden die Besucher ermutigt zu zeigen, was sie im Wald gesehen und fotografiert haben", fügte Mr Brown hinzu.

„Wahnsinn!", rief Mia. „Das klingt fantastisch!"

Lena musste ihr zustimmen. Sie wollte jubeln, aber irgendwie war ihr auch ein klein wenig unwohl bei dem Gedanken an die Art und Weise, wie nun alles so gekommen war. „Danke, dass Sie so verständnisvoll sind", sagte sie zu den Browns. „Es ist mir etwas peinlich, dass wir versucht haben, Ihre Geschäftseröffnung zu verhindern."

„Das muss es nicht", sagte Mrs Brown freundlich. „Ihr habt uns auf eine noch viel bessere Idee gebracht. Und von der sind wir alle ganz begeistert, nicht wahr?“ Sie sah ihre Familie an.

Mr Brown lächelte und nickte.

Aber Agnes, die als Einzige nicht lächelte, zuckte bloß mit den Schultern. „Ich mag es, mit dem Quad zu fahren“, sagte sie kühl.

Ralph beteiligte sich immer noch nicht an der Unterhaltung. Er beobachtete die ganze Zeit, wie Kurt Bruno striegelte. „Ich würde gern mal auf einem Pferd durch den Wald reiten“, sagte er. „Ich finde, das klingt nach viel mehr Spaß als eine Tour mit dem Quad.“

„Du könntest hier auf dem Ponyhof Reitstunden nehmen so wie wir“, sagte Lena zu ihm. „Wir reiten ganz oft im Wald.“

„Echt?“ Ralph sah seine Eltern an. „Darf ich?“

Sein Vater lachte. „Das können wir bestimmt einrichten. Was ist mit dir, Liebling?“

Agnes zögerte. „Vielleicht“, sagte sie und klang etwas weniger gereizt. „Ich mag Tiere.“

Da hatte Lena einen Einfall. „Wollen Sie die Vögel sehen, die uns auf die Idee mit der Schatzsuche gebracht haben?“, fragte sie die Browns.

Sie und ihre Freundinnen führten die Familie zu Samsons Box. Sie zeigten den Browns das Nest und erzählten abwechselnd davon, wie Samson es entdeckt hatte.

„Wie toll!“ Zum ersten Mal sah Agnes

beeindruckt aus. Sie betrachtete die piepsenden Küken. „Die sind so niedlich!“

„Im Wald schlüpfen jetzt im Frühling ganz viele Jungvögel“, sagte Lena. „Wenn du genau hinschaust, entdeckst du vielleicht sogar welche.“

„Aber nicht von einem lärmenden Quad aus“, fügte Juli hinzu.

„Genau, das geht viel besser vom Rücken eines braven, ruhigen Ponys“, sagte Paulina.

Da musste Agnes doch lächeln. „Okay, okay, ich habe es verstanden“, sagte sie. „Und ja, ein Pony zu reiten klingt schon echt nach Spaß.“ Sie bemerkte Samson, der neugierig seinen Kopf über die halb geöffnete Tür seiner Box schob. „Besonders, wenn es ein so hübsches Pony ist wie dieses."

„Das ist Samson, von dem wir eben erzählt haben", sagte Mia. „Lena reitet ihn, aber

du wärst für ihn wahrscheinlich sowieso zu groß. Die Marles haben aber zum Glück viele Pferde und Ponys, von denen du eins auswählen kannst."

„Das ist ja toll! Wir können also auf jedem Pferd reiten." Ralph sah wieder interessiert zu Bruno hinüber. Dann trat er zu Samson und streichelte ihm sanft über die Nüstern. „Aber Samson ist das coolste Pony hier. Er hat schließlich das Nest gefunden und uns gezeigt, wie wichtig der Schutz des Waldes ist!"